W9-AOC-664

GRANDES PERSONAJES EN LA HISTORIA DE LOS ESTADOS UNIDOS™

WYATT EARP

SHERIFF DEL LEJANO OESTE

MAGDALENA ALAGNA

TRADUCCIÓN AL ESPAÑOL:
TOMÁS GONZÁLEZ

The Rosen Publishing Group, Inc.
Editorial Buenas Letras™
New York

Published in 2004 by The Rosen Publishing Group, Inc.
29 East 21st Street, New York, NY 10010

First Spanish Edition 2004
First English Edition 2004

Cataloging Data

Alagna, Magdalena.
[Wyatt Earp. Spanish]
Wyatt Earp: Sheriff del Lejano Oeste / by Magdalena Alagna.
v. cm. — (Grandes personajes en la historia de los Estados Unidos)
Includes bibliographical references and index.
Contents: The early years—Indian territory—Cowboys and ranchers—The O.K. Corral—The last years.
ISBN 0-8239-4147-7 (lib. bdg.)
ISBN 0-8239-4241-4 (pbk.)
6-pack ISBN 0-8239-7584-3
1. Earp, Wyatt, 1848–1929—Juvenile literature. 2. Peace officers—Southwest, New—Biography—Juvenile literature. 3. United States marshals—Southwest, New—Biography—Juvenile literature. 4. Tombstone (Ariz.)—History—Juvenile literature. 5. Southwest, New—Biography—Juvenile literature. [1. Earp, Wyatt, 1848–1929. 2. Peace officers. 3. Spanish language materials.]
I. Title. II. Series: Primary sources of famous people in American history. Spanish.
F786.E18A4 2003
978'.02'092—dc21

Manufactured in the United States of America

Photo credits: cover, pp. 5, 15, 24, 27 courtesy Arizona Historical Society/Tucson; p. 4 Library of Congress Prints and Photographs Division, HABS, IOWA, 63-PEL,3-1; p. 6 Steve Gatto; p. 7 Library of Congress Geography and Map Division; p. 8 National Archives and Records Administration, Old Military and Civil Records; p. 9 Library of Congress Prints and Photographs Division; p. 11 Kansas State Historical Society; p. 11 (inset) Western History Collections, University of Oklahoma Libraries; p. 12 © Corbis; p. 13 © John Van Hasselt/Corbis Sygma; pp. 17 (Joseph Collier, C-107), 18 (X-150) Denver Public Library, Western History Collection; p. 19 Hassel © collection of the New-York Historical Society NYHS #40747; p. 21 Culver Pictures; p. 23 © Bowers Museum of Cultural Art/Corbis; p. 25 Camilius S. Fly © collection of the New-York Historical Society NYHS #40746; p. 28 photo by Dick George; p. 29 courtesy of Stephen and Marge Elliot, Tombstone Western Heritage Museum.

Designer: Thomas Forget; Photo Researcher: Rebecca Anguin-Cohen

CONTENIDO

1 PRIMEROS AÑOS

Wyatt Earp nació el 19 de marzo de 1848. En 1864, la familia Earp dirigió una caravana de carretas hasta California. Wyatt tenía dieciséis años de edad. La caravana viajó por la llamada Ruta de Oregón. Wyatt trabajó en una granja y como mesero en un restaurante. Medía casi seis pies (1.82 metros). En aquellos días, una persona de esa estatura se consideraba muy alta.

Wyatt Earp vivió en esta casa de Iowa hasta los dieciséis años. Su padre era comerciante y su madre se ocupaba de criar a los niños.

Wyatt Earp trabajó duro toda la vida. Fue una de las personas que impuso la ley y el orden en el Lejano Oeste. En aquella época en el Oeste se necesitaban alguaciles. Wyatt quería que en los pueblos la gente estuviera segura.

Wyatt Earp se casó con Rilla Sutherland el 24 de enero de 1870. Más tarde fue nombrado alguacil de Lamar, Misuri, pero Rilla murió de una enfermedad y Wyatt se marchó de Lamar. Viajó a Arkansas y luego al territorio indio, en lo que hoy es Oklahoma. Ahí, Wyatt conoció a Bat Masterson en 1871. Los dos serían buenos amigos toda la vida.

Este documento es el juramento que prestó Earp al convertirse en alguacil de Lamar, Misuri. En los juramentos se exige que se respeten las leyes. Earp tomó muy en serio este juramento.

State of Missouri }
County of Barton }

I, Wyatt S. Earp
do solemnly swear that I will to the
best of my skill and ability, diligently
and faithfully without partiality or
prejudice discharge the duties of Consta-
ble within and for Lamar Township
Barton County, Missouri

Wyatt S. Earp

Subscribed and sworn
to before me this 24th
day of November 1869

L.W. [illegible]
Clerk

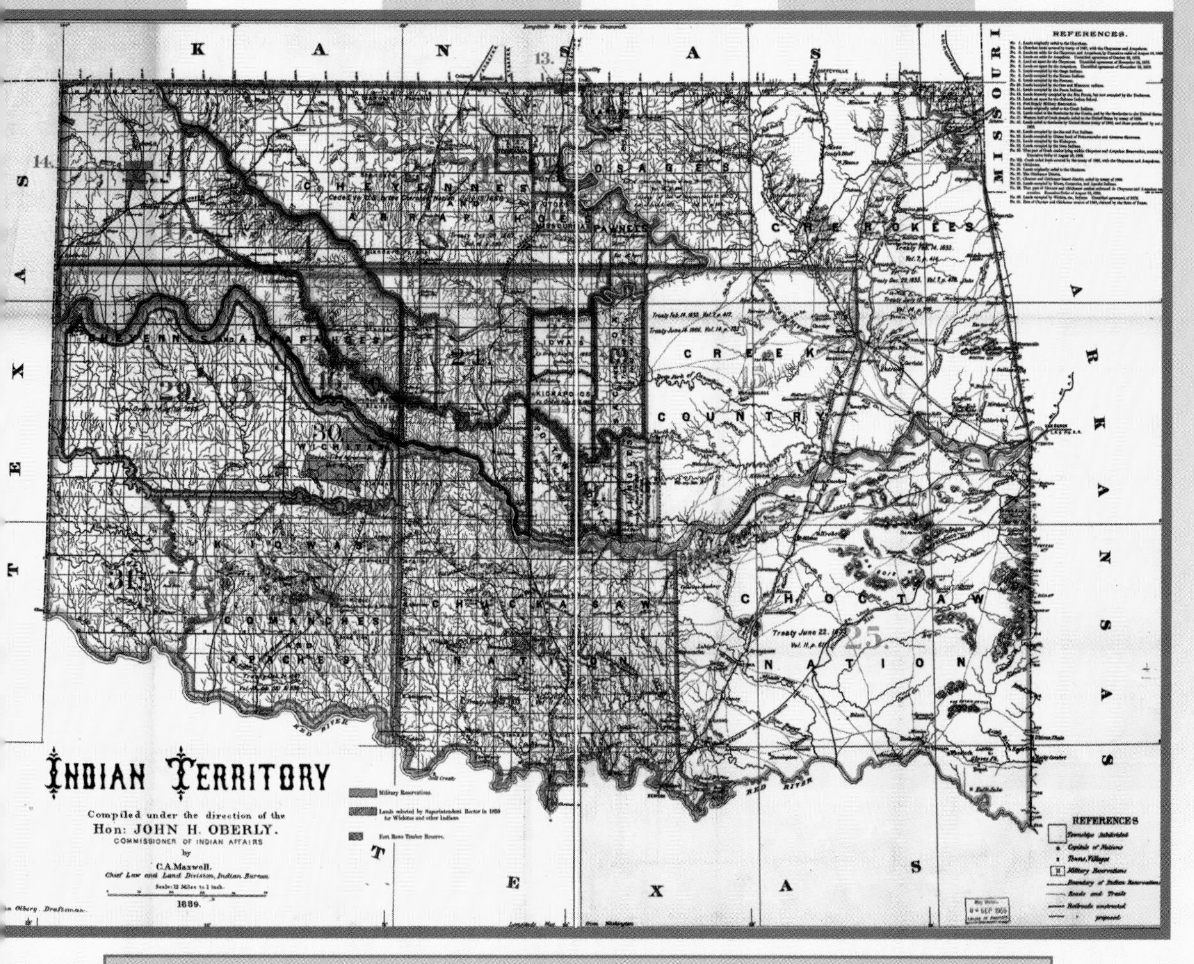

Wyatt se marchó de Lamar, Misuri, después de la muerte de su esposa. Decidió poner a prueba sus capacidades en el territorio de los indios. En aquellos territorios aún no se había establecido la autoridad del gobierno de Estados Unidos.

2 TERRITORIO INDIO

En el territorio de los indios vivían distintas clases de personas. Había muchos indios y también vaqueros. Los vaqueros eran personas que conducían el ganado por las poblaciones llamadas "pueblos ganaderos". Éstos eran sitios muy violentos. Wyatt Earp se convirtió en uno de los alguaciles conocidos como "oficiales de paz". Earp ayudó a que aquellos pueblos fueran lugares más seguros para sus habitantes.

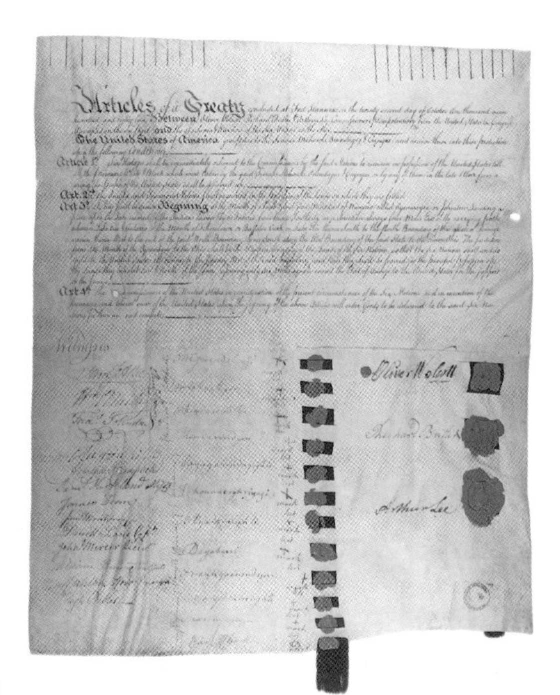

El gobierno de Estados Unidos firmó muchos tratados con los indios. Dichos tratados obligaron a los indios a marcharse de las tierras que tenían en el este del país. En los territorios indios vivían miles de indios norteamericanos.

En el Oeste, los colonos compartían las tierras con los indios. En los pueblos del Oeste convivían muchas clases de personas. El trabajo de Wyatt era mantener la paz.

En 1876, conoció a John Henry "Doc" Holliday. A Doc, que era dentista, le gustaba el juego. Pasaba mucho tiempo jugando a las cartas. Doc Holliday tenía una enfermedad de los pulmones llamada tuberculosis. En 1876, Wyatt se hizo alguacil adjunto en Dodge City, Kansas.

¿SABÍAS QUE...?

Doc Holliday estudió para dentista en Filadelfia. En aquella época era muy buen negocio ser dentista, pues muchas personas tenían mala dentadura.

Wyatt Earp vivió en Dodge City, Kansas, por tres años. Era el alguacil de la ciudad. Doc Holliday *(recuadro)* era amigo de Wyatt. Wyatt a menudo empleó a Doc como alguacil adjunto para mantener la paz.

Para 1879, los pueblos ganaderos se habían empobrecido y la mayoría de ellos no quería pagar a los oficiales de paz. En el verano de 1879, Wyatt recibió una carta de su hermano Virgil aconsejándole que viajara a Tombstone, Arizona. Virgil era alguacil adjunto de aquel pueblo. Wyatt, su otro hermano, Morgan, Doc Holliday y su novia, se mudaron a Tombstone.

En los pueblos del Oeste los oficiales de paz eran muy necesarios, pues allí las peleas entre vaqueros eran frecuentes.

Tombstone, Arizona, era un pequeño pueblo del desierto al que llegaban los rancheros y los vaqueros que trabajaban en los ranchos.

3 VAQUEROS Y RANCHEROS

Tombstone, Arizona era un pueblo con minas de plata. Wyatt Earp se hizo sheriff adjunto de la población. Su trabajo era mantener la paz en el pueblo. Al principio no se produjeron demasiadas peleas. Pero, conforme los vaqueros comenzaron a perder el trabajo en los ranchos, la situación comenzó a cambiar.

EL NOMBRE DE TOMBSTONE, ARIZONA

Ed Schieffelin fue a Arizona en busca de fortuna. La gente decía que allí sólo encontraría su tumba (*tombstone*, en inglés). Schieffelin encontró una mina de plata, se hizo rico y fundó el pueblo de Tombstone.

Para conducir ganado de un rancho a otro se necesitaban muchos vaqueros. En la década de 1870 los trenes empezaron a transportar el ganado y los vaqueros comenzaron a perder sus trabajos.

COL. O. W. WHEELER'S HERD, EN ROUTE FOR KANSAS PACIFIC RAILWAY, IN 1867.

Los mismos rancheros comenzaron a hacer muchos de los trabajos que antes hacían los vaqueros. Entonces los vaqueros se vieron obligados a buscar otras maneras de ganarse la vida. Muchos se dedicaron a robar ganado y a venderlo. El más famoso de los ladrones de ganado era Curly Bill Brocius. A los vaqueros que robaban ganado los llamaban cuatreros. Los vaqueros robaban en unos ranchos y vendían el ganado en otros.

¿SABÍAS QUE...?

Doc Holliday hacía enojar a los vaqueros, pues les ganaba jugando a las cartas. Wyatt se ponía de parte de su amigo y eso hizo que los vaqueros odiaran a Wyatt todavía más.

Los cuatreros robaban ganado de los grandes rebaños. Podían pasar muchos días antes de que los rancheros descubrieran que habían perdido sus animales, y ya para entonces los ladrones habían vendido el ganado robado.

Los rancheros vendían el ganado a los habitantes de Tombstone. En 1880, alguien robó seis mulas. Virgil, Morgan y Wyatt fueron al rancho McLaury, donde encontraron pistas que probaban que la familia McLaury tenía las mulas. Los miembros de la familia dijeron que las devolverían. Pero mintieron. Las mulas nunca fueron devueltas.

Para los rancheros, las mulas eran animales de trabajo muy importantes. Robarlas era delito grave. El robo de ganado era uno de los muchos delitos contra los que tenían que luchar Wyatt y sus alguaciles.

Tom McLaury era bien conocido como ladrón de ganado en la región de Tombstone. Wyatt Earp había tenido muchos altercados con la familia McLaury.

4 EL *O.K. CORRAL*

El 26 de octubre de 1881, la situación se puso muy tensa entre los hermanos Earp, los vaqueros y los rancheros. Virgil ordenó a los vaqueros que se marcharan del pueblo. Éstos fueron por sus caballos al *O.K. Corral*, pero no se marcharon. Se quedaron en el pueblo exhibiendo sus pistolas y amenazando a los hermanos Earp.

UN MAL SHERIFF

John Behan era el sheriff de Tombstone. Era amigo de los vaqueros y también de los rancheros, pero no impedía que los vaqueros robaran ganado.

En esta fotografía aparece la entrada al *O.K. Corral.* El espacio era muy pequeño para una pelea con pistola en la que participaron casi doce personas. El humo de los disparos muy pronto dejó sin visibilidad a los que peleaban.

Las amenazas de los vaqueros llevaron a un tiroteo. Virgil, Wyatt, Morgan Earp y Doc Holliday formaban un bando. Los cinco vaqueros de las familias McLaury y Clanton, así como el sheriff John Behan, formaban el otro. Virgil ordenó a los vaqueros que soltaran las armas. De pronto todo se volvió muy confuso.

ALGUACILES Y SHERIFFS

¿Cuál es la diferencia entre alguaciles y sheriffs? Los alguaciles combatían el delito en el interior de los pueblos. Los sheriffs luchaban contra el delito fuera de ellos.

Dibujo que muestra la forma como pudo haber ocurrido el tiroteo. Los hermanos Earp se quedaron fuera de la puerta. Los vaqueros habían entrado al corral por sus caballos.

Wyatt disparó su arma después que sonó un disparo proveniente del bando de los vaqueros. De repente todo el mundo disparaba y gritaba. Sólo Wyatt no salió herido en el tiroteo.

El sheriff Behan quería arrestar a los hermanos Earp, pero éstos rehusaron ir a la cárcel. La historia del tiroteo apareció en todos los periódicos de Estados Unidos. La leyenda del *O.K. Corral* había comenzado.

Fotografía de los tres vaqueros muertos en el bando de los Clanton. Tom y Frank McLaury están a la izquierda y el centro, respectivamente. Billy Clanton está en el ataúd de la derecha.

Joseph "Ike" Clanton escapó del *O.K. Corral* durante el tiroteo. Juró vengarse de los hermanos Earp. Dos meses más tarde la pelea comenzó de nuevo.

5 DESPUÉS DEL TIROTEO

El tiroteo en el *O.K. Corral* no fue el final de las peleas. Virgil fue emboscado y herido el 28 de diciembre de 1881, pero sobrevivió. Wyatt quería que Virgil se marchara del pueblo. En la estación de trenes, hombres con rifles esperaban a Virgil. Se produjo otro tiroteo. Algunos de los hombres con rifles resultaron muertos y la gente culpó a los hermanos Earp.

¿SABÍAS QUE...?

Doc Holliday murió en 1885. "¡Qué curioso!", fueron sus últimas palabras. Quizás dijo esto porque iba a morir en la cama y no en uno de los muchos tiroteos en los que participó.

Wyatt Earp era socio del bar *Oriental Saloon*, que aparece en la fotografía. A Virgil Earp le dispararon a la salida del bar en diciembre de 1881.

Wyatt pasó el resto de su vida en el Oeste. Vivió la mayor parte del tiempo en California. A principios de la década de 1900, conoció a muchos actores de Hollywood. Tenía la esperanza de que algún día hicieran una película sobre el *O.K. Corral*. Wyatt murió en Los Angeles, California, el 13 de enero de 1929. Muchos años después de su muerte se hicieron tres películas sobre su vida.

Lápida de Wyatt Earp en California. Su segunda esposa, Josephine, fue sepultada a su lado. El misterio sobre la pelea en el *O.K. Corral* nunca fue resuelto. Wyatt se llevó el secreto a la tumba.

A Hollywood le gustó la historia de la pelea en el *O.K. Corral*. En sus últimos años Wyatt conoció a muchos actores. Aquí aparece a la edad de 75 años.

Courtesy of Stephen and Marge Elliot, Tombstone Western Heritage Museum.

CRONOLOGÍA

1848—Nace Wyatt Earp.

1864—La familia Earp viaja en una caravana de carretas y se establece en California.

1868—Wyatt Earp trabaja en el ferrocarril en Wyoming; después trabaja en el restaurante de su padre, en Misuri.

1870—Wyatt Earp se casa con Rilla Sutherland. Es elegido alguacil de Lamar, Misuri.

1871—Rilla muere. Wyatt se va a vivir al territorio indio.

1874—Wyatt Earp trabaja de policía en Wichita, Kansas.

1876—Wyatt Earp ocupa el cargo de alguacil adjunto en Dodge City, Kansas.

1879—Wyatt Earp es nombrado sheriff adjunto de Tombstone, Arizona.

1881—Se produce el tiroteo en el *O.K. Corral.* Virgil Earp es herido en el brazo y queda lisiado.

1882—Morgan Earp es asesinado.

1887—Doc Holliday muere en Colorado.

1900—Warren Earp es asesinado.

1929—Wyatt Earp muere en Los Angeles, California.

GLOSARIO

alguacil adjunto (el) Funcionario de la justicia que ayuda a otro funcionario, segundo al mando.
amenazas (las) Advertencias que las personas hacen a aquellos a quienes quieren hacer daño.
bandidos (-as) Personas que violan la ley.
caravana de carretas (la) Grupo de carretas.
corral (el) Área cercada donde se mantienen caballos, ganado u otros animales.
confuso Difícil de entender.
cuatreros (-as) Gente que roba caballos o ganado.
emboscada (la) Ataque por sorpresa desde un sitio oculto.
leyenda (la) Historia que se transmite de generación en generación.
Ruta de Oregón (la) Camino que tomaron muchos colonos para llegar a California.
rancheros (-as) Dueños de grandes granjas donde se cría ganado.
territorio (el) Extensión de tierra.

SITIOS WEB

Debido a las constantes modificaciones en los sitios de Internet, Rosen Publishing Group, Inc. ha desarrollado un listado de sitios Web relacionados con el tema de este libro. Este sitio se actualiza con regularidad. Por favor, usa este enlace para acceder a la lista:

http://www.rosenlinks.com/fpah/wear

LISTA DE FUENTES PRIMARIAS DE IMÁGENES

Página 4: Fotografía de la casa de la familia Earp en Pella, Iowa. Se encuentra en la Biblioteca del Congreso, Washington, DC.
Página 5: Fotografía de Wyatt Earp, 1886. Se encuentra en la Sociedad Historica de Tucson, Arizona.
Página 7: Mapa coloreado a mano del territorio de los indios, 1889. Se encuentra en la Biblioteca del Congreso, Washington, DC.
Página 8: Tratado entre las Seis Naciones y Estados Unidos, 1784. Se encuentra en los Archivos Nacionales, Washington, DC.
Página 9: Litografía coloreada a mano titulada *Primavera del colono estadounidense*, de Currier & Ives, 1869. Se encuentra en la Biblioteca del Congreso, Washington, DC.
Página 11: (foto grande) Fotografía de la calle Front Street de Dodge City, Kansas, 1879 aproximadamente. Se encuentra en la Sociedad Historica del Estado de Kansas, Topeka, Kansas.
Página 11: (recuadro) Fotografía de Doc Holliday, 1885 aproximadamente. Se encuentra en la colección de Historia del Oeste de la Biblioteca de la Universidad de Oklahoma, Tulsa, Oklahoma.

Página 12: Fotografía de oficiales de paz de Dodge City, Kansas, de Camillus S. Fly, 1890 aproximadamente.
Página 13: Fotografía de Tombstone, Arizona, por John Van Hasselt, 1881.
Página 17: Fotografía de vaqueros arreando ganado, por Joseph Collier, 1875 aproximadamente. Se encuentra en la Biblioteca Pública de Denver, Colorado.
Página 18: Fotografía de mulas de carga, de W. J. Carpenter, 1890 aproximadamente. Se encuentra en la Biblioteca Pública de Denver, Colorado.
Página 19: Fotografía de Tom McLaury, 1880 aproximadamente. Se encuentra en la Sociedad Historica de Nueva York, Nueva York.
Página 21: Fotografía sin fecha de la puerta del *O.K. Corral*. Se encuentra en *Culver Pictures, Inc.*, Nueva York.
Página 24: Fotografía de los cadáveres de miembros de la Pandilla Clanton, 1881. Se encuentra en la biblioteca de la Sociedad Historica de Arizona, de Tucson, Arizona.
Página 25: Fotografía de Joseph "Ike" Clanton, de Camilius S. Fly, década de 1870 aproximadamente. Se encuentra en la Sociedad Historica de Nueva York, Nueva York.
Página 27: Fotografía del bar *Oriental Saloon*, de Tombstone, Arizona. Se encuentra en la biblioteca de la Sociedad Histórica de Arizona, de Tucson, Arizona.
Página 29: Fotografía de Wyatt Earp, 1923. Se encuentra en el *Tombstone Western Heritage Museum*, de Tombstone, Arizona.

ÍNDICE

ACERCA DEL AUTOR

Magdalena Alagna es escritora y editora. Vive en la ciudad de Nueva York.